De Semilla a Planta

Kristin Baird Rattini

Washington, D.C.

Para mis raíces: mamá, papá, y Kim —K. B. R.

Diseñado por YAY! Design

Libro en rústica ISBN: 978-1-4263-3729-1
Encuadernación de biblioteca reforzada ISBN: 978-1-4263-3730-7

La editorial y la autora agradecen la revisión experta de este libro hecha por el horticultor Gregg Henry Quinn.

Créditos fotográficos

Tapa (flor), cobalt88/Shutterstock; (semillas), Jiang Hongyan/Shutterstock; 1, Chris Hill/Shutterstock; 4 (ARRIBA), Laurie Campbell/naturepl.com; 4 (ABAJO), Le Do/Shutterstock; 5 (ARRIBA), Valentyn Volkov/Shutterstock; 5 (ABAJO), homydesign/Shutterstock; 6, AgStock Images/Corbis; 7 (ARRIBA), Visuals Unlimited/Getty Images; 7 (ABAJO), Joshua Howard/National Geographic Image Collection; 8, Granger Wootz/Blend Images/Corbis; 9, Givaga/Shutterstock; 10 (ARRIBA), Kim Taylor/Nature Picture Library; 10 (CENTRO), Kim Taylor/Nature Picture Library; 10 (ABAJO), Catalin Petolea/Shutterstock; 11, AgStock Images/Corbis; 12, MM Productions/Corbis; 13, Scott Stulberg/Corbis; 14–15 (FONDO), oriontrail/Shutterstock; 14–15, Orla/Shutterstock; 16 (ARRIBA), Stephanie Pilick/dpa/Shutterstock; 16 (ABAJO IZQUIERDA), Dieter Heinemann/Westend61/Corbis; 16–17 (FONDO), lobster20/Shutterstock; 17 (ARRIBA IZQUIERDA), Olaf Simon/iStockphoto; 17 (CENTRO), Paolo Giocoso/Grand Tour/Corbis; 17 (ABAJO), Palette7/Shutterstock; 18 (RECUADRO los dos), Jill Fromer/E+/Getty Images; 18–19, Comstock Images/Getty Images; 20, Roel Dillen/iStockphoto/Getty Images; 21, Behzad Ghaffarian/National Geographic My Shot; 22 (IZQUIERDA), Ingram; 22 (DERECHA), Gentl and Hyers/Botanica/Getty Images; 23 (IZQUIERDA), Alex011973/Shutterstock; 23 (DERECHA), mark higgins/Shutterstock; 24–25, Simon Bell/National Geographic My Shot; 24 (RECUADRO), Raymond Barlow/National Geographic My Shot; 25 (RECUADRO), Ints Vikmanis/Shutterstock; 26, Craig Lovell/Corbis; 27, Zurijeta/Shutterstock; 28, Alivepix/Shutterstock; 29 (1), HamsterMan/Shutterstock; 29 (2), Mark Thiessen, NGS; 29 (3), Mark Thiessen, NGS; 29 (4), beyond fotomedia RF/Getty Images; 30 (IZQUIERDA), Sam Abell/National Geographic Image Collection; 30 (DERECHA), Ingram; 31 (ARRIBA IZQUIERDA), Olaf Simon/iStockphoto; 31 (ARRIBA DERECHA), Dmitry Naumov/Shutterstock; 31 (ABAJO IZQUIERDA), Martin Ruegner/Digital Vision/Getty Images; 31 (ABAJO DERECHA), Alex011973/Shutterstock; 32 (ARRIBA IZQUIERDA), Kim Taylor/Nature Picture Library; 32 (ABAJO IZQUIERDA), Anna Dimo/National Geographic My Shot; 32 (ARRIBA DERECHA), irin-k/Shutterstock; 32 (ABAJO DERECHA), udra11/Shutterstock; arte de vocabulario, Angela Shvedova/Shutterstock; borde superior, Kostenyukova Nataliya/Shutterstock

Impreso en los Estados Unidos de América
20/WOR/1

Tabla de contenidos

¿Qué es una planta?

Una planta es un ser vivo. Está siempre en el mismo lugar. Pero crece y cambia, igual que tú.

nenúfar blanco

helecho

mandarino

Las plantas pueden ser grandes o pequeñas. Algunas tienen flores. Otras además dan frutos. Los árboles también son plantas.

orquídea

Las plantas son muy importantes para
el mundo. Los granjeros cultivan frutas
y verduras. Estas plantas nos dan comida.

Un granjero en su campo de algodón

Algunas plantas se pueden usar para hacer ropa. La camiseta que tienes puesta está hecha de algodón.

Otras plantas son casitas cómodas para los animales.

Un oso dentro de un árbol

Partes de una planta

Puedes usar tu propio cuerpo para recordar las partes de las plantas.

Los brazos son como las hojas.

El cuerpo es como el tallo.

Los pies son como las raíces.

Las raíces fijan la planta al suelo.
El tallo mantiene la planta en pie.
Las hojas absorben la luz del sol.

hojas

tallo

raíces

¿Cómo empieza la vida de una planta?

1 ¡Comencemos! La mayoría de las plantas empiezan su vida como una semilla.

2 La semilla se abre. Sale un brote. Eso se llama germinación.

3 ¡Está creciendo una planta nueva!

Vocabulario

GERMINACIÓN: Cuando brota una planta de una semilla

BROTE: Planta joven

La plántula empieza a crecer.
Las raíces se extienden en el suelo.
Aparece un tallo que crece cada
vez más alto y más fuerte.

hojas

tallo

raíces

La planta crece

Regar el jardín ayuda a que las plantas crezcan.

Al igual que tú, la planta crece más grande y fuerte. Las raíces se hacen más largas y profundas en el suelo. El tallo se vuelve más grueso y firme. Crecen más hojas y ramas.

Vocabulario

SUELO: La capa superior de la tierra, donde crecen las plantas

¿Qué necesitan las plantas?

Para crecer, las plantas necesitan

✓ Suelo ✓ Luz del sol

✓ Agua ✓ Aire

✓ Alimento ✓ Espacio

El agua y parte del alimento provienen del suelo.

Las raíces los absorben.

La luz del sol y el aire entran por las hojas. Las plantas los usan para producir más alimento. Las plantas también necesitan espacio para crecer.

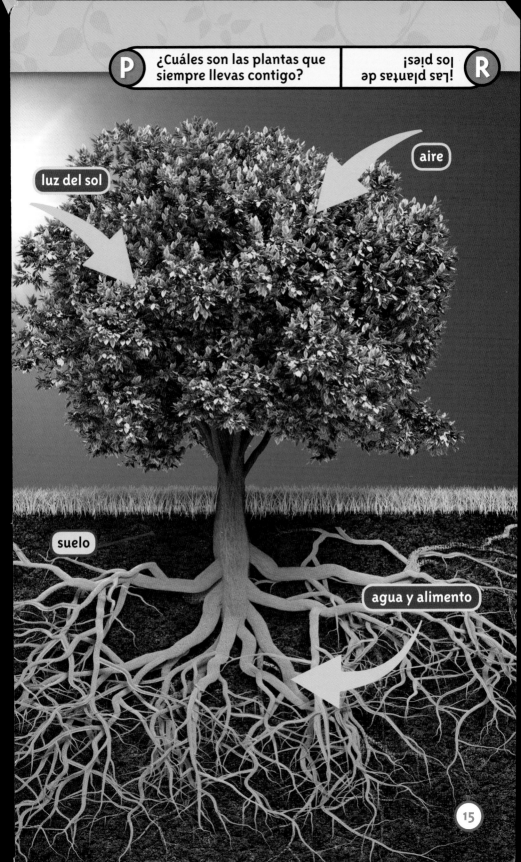

aire

luz del sol

suelo

agua y alimento

6 datos geniales sobre las plantas

1

Esta semilla de palmera puede llegar a pesar lo mismo que un niño de cuarto grado. Es la semilla más pesada del mundo.

2

¡Es hora de bañarse! Las plantas se usan para hacer muchos jabones y champús.

3

Las plantas florecen

Muchas plantas dan flores.

Al principio son un bultito que se llama capullo.

El capullo se abre poco a poco. Los pétalos se despliegan delicadamente.

¡Sorpresa! Es una flor.

El papel de este libro se hizo con árboles.

4

semillas

¡Un solo girasol puede dar 1.000 semillas!

5

El bambú es la planta que más rápido crece. Puede alcanzar la altura de un niño de tres años en un solo día.

6

El árbol vivo más alto del mundo es más alto que la Estatua de la Libertad en Nueva York, EE. UU.

Las plantas florecen

Muchas plantas dan flores.

Al principio son un bultito que se llama capullo.

El capullo se abre poco a poco. Los pétalos se despliegan delicadamente.

¡Sorpresa!

Es una flor.

El pegajoso polen

Las flores
producen un
polvo pegajoso
que se llama polen.

El polen se pega
a los pájaros y a
las abejas cuando
vuelan de flor
en flor.

Después el polen cae sobre otras flores. Eso se llama polinización, y ayuda a las flores a producir semillas.

Las semillas

Las plantas guardan semillas en distintos lugares.

Muchas plantas forman una cubierta alrededor de las semillas. Esa cubierta se llama vaina. Los guisantes y las semillas de arce crecen en vainas.

vaina de arce

vaina de guisantes

semillas

semillas

Las semillas de la naranja son diferentes. Las semillas están dentro del fruto.

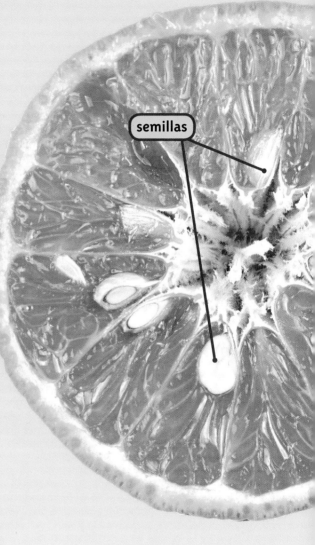

semillas

semillas

Sin embargo, las semillas de las fresas están afuera.

A veces las
semillas viajan.
Algunas flotan
con el viento.
A otras se las llevan
los animales.

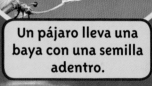

Un pájaro lleva una
baya con una semilla
adentro.

Las semillas
caen al suelo.
Pronto brotan
o germinan.
Así nace una
planta nueva.

Una ardilla sostiene una semilla grande.

Las semillas del diente de león se esparcen con el viento.

¿Me pasas las plantas, por favor?

Los seres humanos y los animales comen plantas para estar saludables. ¿Cuántas plantas comiste hoy?

Un panda come bambú.

La sandía es una fruta que proviene de una planta.

Cultiva tu propio jardín

Tú puedes cultivar tu propia planta de frijol. Pídele ayuda a un adulto.

Lo que necesitas

✓ un frijol
✓ un vaso de agua
✓ una maceta, un frasco de vidrio o un vaso de papel de 4 pulgadas
✓ tierra

1 Remoja el frijol en un vaso con agua toda la noche.

2 Llena la maceta con tierra. Mete la semilla en la tierra a una pulgada de profundidad.

3 Agrega un poco de agua para que la tierra quede húmeda.

4 Coloca la maceta en un lugar cálido y soleado. Agrega un poco de agua cuando la tierra se seque. ¡Tu planta brotará en menos de una semana!

29

Y esto, ¿qué es?

Estas fotos muestran de cerca cosas que ya viste en este libro. Sigue las pistas para descubrir qué son. Las respuestas están en la página 31.

PISTA: Cuando se abre, se convierte en una flor.

PISTA: Esta parte de la planta absorbe la luz del sol y el aire.

BANCO DE PALABRAS

| hoja | lluvia | abeja | capullo | fresa | girasol |

PISTA: Esta flor puede producir hasta 1.000 semillas.

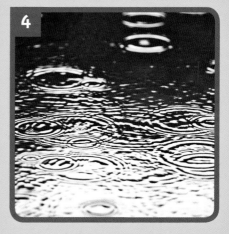

PISTA: Cuando cae, riega las plantas.

PISTA: Va zumbando mientras vuela de flor en flor.

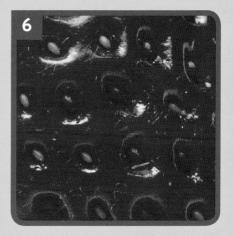

PISTA: Tiene las semillas afuera.

BROTE: Planta joven

GERMINACIÓN: Cuando brota una planta de una semilla

POLINIZACIÓN: El viaje del polen de una flor a otra. Eso hace que crezcan las semillas.

SUELO: La capa superior de la tierra, donde crecen las plantas